COUR D'APPEL D'AMIENS

PROJET DE LOI

SUR LES

SOCIÉTÉS COMMERCIALES

RAPPORT DE LA COMMISSION

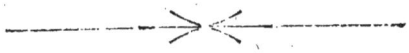

——— >←< ———

AMIENS
IMPRIMERIE A. DOUILLET & Cⁱᵉ
RUE DU LOGIS-DU-ROI, 13.
—
1886

COUR D'APPEL D'AMIENS

PROJET DE LOI

SUR LES

SOCIÉTÉS COMMERCIALES

Rapport de la Commission.

Messieurs,

Le projet de loi sur lequel vous êtes appelés à donner votre avis est destiné à remplacer les quatre lois votées sur le même objet dans l'intervalle écoulé entre 1856 et 1867. La loi du 24 juillet 1867 dont la majeure partie des articles est reprise, soit textuellement, soit avec des modifications par le projet adopté par le Sénat et qui est maintenant soumis à l'examen de la Chambre des Députés est en vigueur depuis vingt ans : c'est une durée bien longue pour une loi sur les sociétés : aussi la jurisprudence a-t-elle eu le temps de résoudre à l'occasion du texte, nombre de difficultés. Quelques-unes de ces solutions ont trouvé place dans le projet actuellement en discussion.

C.

Le projet de loi prend pour point de départ le titre des sociétés anonymes ; il déclare les règles qui y sont posées applicables, à moins de disposition formellement contraire, aux sociétés en commandite. En ce qui concerne les sociétés à capital variable il ne change presque rien à la loi du 24 juillet 1867. Dans le titre de la Publicité il crée un journal officiel spécial « le Bulletin des Sociétés » et il veut que les titres provisoires ou définitifs d'actions énoncent un certain nombre d'indications relatives aux conditions de l'entreprise. Le titre V des obligations est nouveau.

Les obligataires y reçoivent pour la défense de leurs intérêts des droits importants. C'est là également qu'est édictée la prohibition des valeurs à lots. Sur les tontines et les sociétés d'assurances, objet du titre VI, le projet ne formule que des innovations secondaires.

Le titre VII règle la condition en France des sociétés étrangères dans le cas où un décret a permis à celles qui ont été formées dans un pays d'exercer leurs droits en France. La sanction pénale des contraventions à la loi sur les sociétés est traitée par le titre VIII : ce sont les dispositions de la loi de 1867, à quelques adjonctions près. Enfin, sous l'intitulé « dispositions diverses » sont réunis un art. relatif aux sociétés civiles par actions et des dispositions transitoires.

Les observations de la commission sont formulées sur chacun des articles qui les comporte, dans l'ordre adopté par le projet de loi. Nous vous soumettons enfin une classification logique des articles, œuvre de M. le président Daussy, et les modifications qui devraient être apportées au texte voté par le Sénat si les avis exprimés par nous étaient accueillis.

Art. 1er.

Il est inutile de spécifier que l'autorisation du gouvernement n'est plus nécessaire pour la formation des sociétés anonymes. Le législateur de 1867 avait le devoir de formuler ce principe qui constituait (art. 21 § 1) une innovation : pourquoi rappeler maintenant encore que la liberté des conventions en matière de formation de société est la règle ?

Le renvoi à certains textes du C. de Comm. est critiquable. Mieux vaudrait que la loi projetée contint toutes les règles applicables à la matière qu'elle régit.

Les § 1 et 2 reproduisent l'ancien art. 21.

Art. 2.

Reproduit l'ancien art. 23.

Art. 3.

Reproduit l'ancien art. 1er sous la modification suivante : les coupures peuvent être de cinquante francs au lieu de cent francs quand le capital n'excède pas cent mille francs.

D'autre part, l'obligation de déclarer les souscriptions et les versements est imposée aux fondateurs des sociétés anonymes comme dans l'art. 24 § 2 de la loi de 1867.

Art. 4.

Constitue une innovation.

Pourquoi ne pas rédiger : responsabilité civile et pénale, et ne pas exprimer que cette double responsabilité est limitée à.... etc.?

La majorité de la commission voudrait porter à trois ans le laps de temps nécessaire pour la prescription des poursuites tant à fin de répression qu'à fin de dommages-intérêts. Pour elle une pareille infraction caractérise un délit. Certains membres proposent pour l'extinction de l'action civile un délai plus long encore.

Art. 5.

Reproduit sauf des différences de rédaction les anciens articles 2 et 3 § 1.

L'ancien texte rendait ces actions incessibles : pourquoi ajouter qu'elles ne sont pas négociables ?

La loi de 1867 permet la conversion en actions au porteur dès que la libération de moitié est opérée. Le projet de loi n'autorise une transformation pareille que si la libération est complète.

La commission estime que la contravention à cette règle doit avoir pour sanction la nullité de cette cession et non celle de la société comme le veut à tort l'art. 40.

Cette nullité de la cession devrait être prononcée par l'art. 5.

Art. 6.

Le premier et le dernier alinéas de cette article devraient se suivre. Les dispositions intercalées aux § 3 et 4 trouveraient logiquement leur place dans un artice distinct.

Pourquoi dans le dernier alinéa substituer la formule « tout souscripteur ou actionnaire à celle « les titulaires, les cessionnaires intermédiaires et les souscripteurs » employée dans les premières lignes de cet article ? Cette dernière rédaction tend à éviter les difficultés qu'avait soulevées l'art. 3 § 2 de la loi de 1867 : Les souscripteurs primitifs qui ont aliéné les actions et ceux auxquels ils les ont cédées avant le versement de moitié. »

La prescription de deux ans a pour point de départ dans la loi projetée, à l'égard de chaque cédant, la date de la cession par lui consentie. Le texte de 1867 libère tous les intéressés simultanément deux ans après la délibération qui a autorisé la conversion en titres au porteur.

Art. 7.

(Disposition nouvelle) le délai de deux ans à compter de la constitution définitive de la société est-il insuffisant comme on l'a soutenu parmi nous ? Nous ne le pensons pas ; il est de l'intérêt général que pareille indisponibilité ne soit pas prolongée au delà du laps de temps strictement nécessaire. Cependant, nous n'avons pas admis que ces actions dussent être négociables même avant l'expiration de deux ans, dans le cas où l'apport aurait été expertisé conformément à l'art. 11 § 4 du projet.

Y a-t-il intérêt à ce que d'autres titres que des actions ne puissent représenter des apports en nature ? Pourquoi proscrire des statuts par exemple la combinaison prévue à l'égard des fondateurs par l'art. 8 § 2 ?

Art. 8.

Il résulte du rapprochement entre ce texte et l'art. qui précède que la représentation des avantages consentis aux fondateurs peut être faite telle que la voudront les parties. Sont-elles moins exposées à être trompées sur l'importance de ces avantages que sur celle des apports en nature ? L'art. 8 ne fait pas obstacle à ce que ces avantages aient pour co-respectif même des actions. Quels sont bien ces avantages que le législateur traite avec plus de faveur que les apports en nature? La distinction entre les uns et les autres sera souvent délicate.

L'intérêt de 5 0|0 minimum réservé aux actionnaires par le § 2 se justifie difficilement. On peut, sans optimisme excessif, entrevoir le jour où on ne le rencontrera plus dans les stipulations sérieuses : pourquoi subsisterait-il sans réduction possible dans les rapports entre actionnaires et fondateurs ?

Il serait rationnel que ces titres fussent comme les actions dont s'occupe l'art. 7 frappés d'une estampille.

Art. 9.

Le 1er alinéa reproduit l'ancien art. 25, sauf la nécessité que le quart du capital versé l'ait été en numéraire.

Les trois autres paragraphes formulent des dispositions nouvelles.

La sincérité de l'acte de souscription peut être vérifiée, soit par la société elle-même, soit par des experts. Le recours à ce mode de procéder peut être imposé à la majorité par une minorité, si elle comprend le quart des actionnaires présents.

La disposition ainsi rédigée est sage : rendre l'expertise forcée, même au cas où aucun intéressé ne la demanderait, entraînerait des frais frustratoires.

Art. 10.

Reproduit en majeure partie les § 1 et 2 de l'art. 4 de la loi de 1867. Ce dernier texte imposait à l'assemblée générale de faire vérifier la valeur de l'apport et la cause des avantages. Le projet précise que cette vérification sera faite par des commissaires.

Les apports sujets à vérification sont ceux qui « ne consis-tent pas en numéraire » d'après l'ancienne loi, « en espèces » d'après le projet. Enfin, dans le nouvel état de choses la mesure aurait pour objet non-seulement, comme par le passé la cause mais encore l'importance des avantages.

Il conviendrait de compléter le 1er alinéa, en y ajoutant que les commissaires devraient être des actionnaires. Le danger de remettre cette vérification à des personnages à la dévotion des fondateurs serait aussi atténué.

L'art. 10 serait mieux à sa place après l'art. 16.

Art. 11.

Les § 1 et 2 reproduisent en substance l'art. 4 § 3 de la loi à abroger : le dernier alinéa procède de l'ancien art. 4, § 5. avec cette innovation expresse que les associés bénéficiaires des art. 7 et 8 ne comptent pas pour la détermination du nombre des actionnaires présents.

Cette exclusion de certains associés ne devrait selon nous avoir effet que sur la ou les questions dans lesquelles chacun d'eux est intéressé.

L'expertise obligatoire dans tous les cas peut entraîner des dépenses excessives pour les intérêts à sauvegarder. Il serait sage de dispenser de l'obligation d'y recourir quand les apports n'excèdent pas le dixième du capital social.

Le § 2 serait mieux à sa place sur l'art 16.

Art. 12.

Reproduction de l'ancien art. 4, § 6 et 7.

Art. 13.

Le § 1 reproduit l'ancien art. 4 § 8.

Les deux derniers alinéas appliquent au cas prévu par l'art. 13 les innovations introduites par les art. 11 et 7.

Art. 14.

(Reproduction de l'ancien art. 22).

Art 15.

Les trois premiers § reproduisent les alinéas correspondants de l'ancien art. 25.

Le § 4 est emprunté à l'ancien art. 22.

Art. 16.

Le § 1 répète les dispositions des § 4 et 5 de l'art. 25 : il y ajoute que l'acceptation, des administrateurs et des commissaires peut également être constatée par acte notarié.

Ls § 2 constitue une innovation sans utilité et faisant double emploi avec l'art. 3 § 2.

Art. 17.

(Reproduction de l'art. 26.)

Art. 18.

(Reproduction de l'ancien art. 27); toutefois le § 3 est nouveau. Les actionnaires représentant le quart du capital social devraient pouvoir imposer à leurs co-associés la réunion de l'assemblée générale.

La minorité de la commission a sur ce texte comme sur l'art. 38 du projet, critiqué la fixation à un maximum de dix du chiffre des voix appartenant à un associé, alors que celui-ci pourrait être propriétaire de plus de la moitié des actions : les inconvénients de la prépondérance des forts actionnaires sont la justification du texte proposé.

Art. 19.

(Reproduction de l'art. 28).

Faut-il ajouter, pour mettre ce texte en harmonie avec l'art. 27 du projet que les actionnaires inscrits quinze jours à l'avance pourront seuls prendre part à l'assemblée générale ? Les avis sont demeurés partagés, et il n'y a pas eu à cet égard de majorité formée parmi nous. Les partisans de cette innovation la motivent par la nécessité d'éloigner de ces réunions les porteurs fictifs d'actions et d'éviter ainsi la formation de majorités frauduleuses. Le moyen indiqué est-il efficace, les partisans de la théorie contraire en doutent. Il importe à la société, disent-ils, que la participation du plus grand nombre possible d'actionnaires à la réunion ne soit pas entravée.

Art. 20.

(Reproduction de l'art. 29).

Art. 21.

Reproduit l'art. 30, en substituant pour les insertions le nouveau Bulletin des Sociétés à l'un des journaux désignés pour recevoir les annonces légales.

Pourquoi ne pas comprendre parmi les assemblées auxquelles s'applique l'art. 20 celles réunies en conformité de l'art. 32 pour prononcer sur l'augmentation du capital social ? L'art. 32 paraît se référer à l'art, 21.

Art. 22.

Procède de l'ancien art. 31.

Art. 23.

A également son origine dans l'ancien art. 31 mais il en

développe les termes et énumère cinq cas dans lesquels la modification aux statuts n'est possible que si elle a été prévue par ces mêmes statuts. Cependant le consentement non plus de la majorité, mais de l'unanimité des actionnaires rendrait ces modifications licites même si les statuts ne renfermaient aucune clause concernant cet objet.

Il conviendrait que le texte spécifiât que la majorité nécessaire pour de pareilles résolutions est celle de l'art. 18 § 2, faute d'un texte exprès, des difficultés pourraient surgir. Les cas prévus par l'art. 23 ne rentrent pas, en effet, dans ceux énoncés par l'art. 18 § 2.

Le dernier alinéa de l'art. 23 est inutile. Une société dont on changerait l'objet essentiel serait en effet, une autre société.

Faudrait-il ne jamais admettre la fusion avec une autre société que si elle réunissait l'unanimité des actionnaires ? Cette opinion a été celle de la minorité de la commission.

Art. 24.

Reproduit l'ancien art. 32 en y ajoutant l'interdiction pour les administrateurs de participer au vote sur la nomination des commissaires.

Les commissaires nommés par l'assemblée doivent-ils, comme le prescrit l'art. 24 du projet, être des associés ? N'y aurait-il pas intérêt pour la Société à rendre possible la nomination de commissaires qui lui seraient étrangers, mais dont la capacité ou les connaissances techniques rendraient le concours particulièrement utile ? Il y a eu partage de voix parmi nous sur cette question.

La même divergence s'est encore rencontrée quand il s'est agi de savoir si cette restriction apportée au choix des actionnaires devait également s'appliquer à la désignation par le président du Tribunal de commerce:

Art. 25.

(Reproduction de l'ancien art. 33).

La minorité aurait voulu que le droit accordé aux commissaires put s'exercer non seulement pendant un trimestre mais encore pendant toute l'année. Une pareille extension de leur contrôle ferait craindre leur immixtion dans l'administration ; aussi cette modification a-t-elle été repoussée.

Art. 26.

Reproduit l'ancien art. 34, mais en réduisant à un mois le délai de quarante jours imparti par la loi de 1867 aux Commissaires pour prendre connaissance de l'inventaire, du bilan et du compte de profits et pertes. Cette abréviation de délai n'est pas une idée acceptable. En effet, l'art. 27 suppose dans son § 1, que le rapport des commissaires devra être terminé quinze jours avant l'assemblée générale. Quinze jours pour la préparation de ce document ne permettraient souvent pas aux commissaires de se livrer à un examen sérieux de l'objet de leur mission.

Art. 27.

Le § 1 reproduit l'ancien art. 35.

Le § 2 consacre une innovation.

Nous voudrions que le rapport des administrateurs fut soumis aux commissaires en même temps que le bilan (art. 26 § 4).

Art. 28.

(Reproduction de l'ancien art. 36).

Art. **29**.

Ses dispositions sont nouvelles.

Il serait sage d'exprimer que la période de premier établissement ne pourrait être prolongée même par une assemblée générale constituée conformément à l'art. 23 pour modifier les statuts.

La minorité trouve excessif ce maximum de 5 0[0 auquel peuvent atteindre les intérêts des sommes versées payées aux actionnaires en l'absence de bénéfices ; elle propose le chiffre de 3 0[0.

Art. 30.

(Reproduction des § 3 et 4 de l'ancien art. 10).

Il nous semble rationnel que la répétition autorisée par le présent article puisse également être exercé si la distribution avait été faite en fraude.

Art. **31**.

Formule une disposition nouvelle contraire à la presque unanimité des décisions qui ont admis qu'une stipulation en sens contraire faisait la loi des parties.

Art. 32.

Ces dispositions ne figuraient pas dans la loi de 1867.

Il conviendrait de transporter à la suite de ce texte les § 2 et 3 de l'art. 40.

Cette nullité serait elle opposable aux tiers qui ont traité avant que l'augmentation du capital social ait été publiée ? faudrait-il, à cet égard, modifier le dernier alinéa de l'art. 40? Ces tiers, au moment où ils ont traité n'avaient pas pu compter sur l'accroissement de leur gage résultant de l'augmentation du capital social.

Art. 33.

(Disposition nouvelle).

Le dernier alinéa devrait être supprimé, il rendrait licite, dans un trop grand nombre de cas, la méconnaissance des prescriptions du présent article.

Nous n'avons pas pensé comme l'aurait voulu la minorité de la commission que l'amortissement dont parle le deuxième alinéa, ne pût être licite que s'il y était procédé par voie de tirage au sort. La fixation du mode d'amortissement par les statuts éloigne le danger des combinaisons qui tendraient à rembourser certains actionnaires de préférence à d'autres, combinaisons qui pourraient, suivant la prospérité ou la détresse de la société, être préjudiciables ou avantageuses aux porteurs de titres remboursés et constituer une inégalité de traitement arbitraire entre les actionnaires.

Art. 34.

Ses termes paraissent faire double emploi avec l'art. 36.

Il est vrai qu'à la différence de ce dernier art. il ne rend pas les administrateurs responsables envers les tiers, mais si telle devait en être la portée, il aurait une signification difficile à justifier.

Art. 35.

Reproduit l'ancien art. 40 en y ajoutant que l'autorisation pour les administrateurs de prendre ou de conserver un intérêt dans les marchés passés avec la Société doit être nominative et expresse pour chaque affaire.

Art. 36.

Le premier alinéa reproduit les dispositions de l'art. 44 de la loi de 1867,

Le second alinéa est la répétition de l'art. 43.

Art. 37.

C'est l'ancien art. 17 transporté du titre des sociétés en commandite à celui des sociétés anonymes. Aussi notre texte substitue t-il dans le texte « les administrateurs ou les commissaires aux gérants et aux membres du conseil de surveillance. »

Dans le projet comme dans la loi à abroger, aucune restriction n'est apportée au droit reconnu à l'actionnaire d'agir individuellement. Il en résulte, comme l'avait, du reste, admis la jurisprudence, que la décision de l'assemblée générale ne lierait pas les actionnaires soit isolés, soit réunis en conformité de l'art. 37.

Art. 38.

Les trois premiers § reproduisent l'ancien art. 37.

Le dernier alinéa devrait être supprimé : il répète pour l'espèce qu'il prévoit la règle posée par l'art. 18 § 2.

Art. 39.

(Reproduction de l'ancien art. 38).

Art. 40,

Nous avons déjà sous l'art. 5 exprimé que la nullité de la société pour contravention à ce texte (négociation des actions avant la constitution définitive de la société ne se justifiait pas). C'est la cession seule qui devrait tomber.

Quant aux nullités fondées sur les art. 14 et 15, il y aurait lieu de déclarer qu'elles ne caractérisent que des annulabilités et que, par conséquent elles peuvent être couvertes par ratification. La nomination des administrateurs en dehors des conditions légales est, en effet, une contravention dont les effets peuvent être réparés sans que pour cela, il faille revenir sur l'organisation même de la société. Il en est de même pour la durée des pouvoirs de ces administrateurs et leur révocabilité.

Il conviendrait que l'art. 40 renvoyât encore aux art. 17 (obligation pour les administrateurs d'être propriétaires d'actions) et 66 § 3 (insertion d'un extrait de l'acte de société dans un journal et au Bulletin officiel) mais en énonçant comme sur les art. 14 et 15 que la méconnaissance de leurs prescriptions emporte non la nullité, mais seulement l'annulabilité de la société.

Quant au § 3, il devrait logiquement être placé à la fin de l'art. 32.

Art. 41.

Diffère de l'ancien art. 42 en ce que la responsabilité des administrateurs en fonctions au moment où la nullité a été encourue est dans le projet, facultative pour les tribunaux tandis que la loi à abroger la prononce impérativement. En outre, le projet établit une responsabilité également facultative contre les commissaires qui ne se seraient pas acquittés du devoir que leur impose l'art. 16.

La responsabilité des personnes visées par l'art. 41, s'applique seulement au préjudice causé par la nullité de la société. Le projet repousse ainsi la solution rigoureuse adoptée par la jurisprudence qui déclare ceux dont s'occupe l'art. 42 de la loi de 1867 tenus de toutes les dettes sociales.

Art. 42,

Edicte une disposition nouvelle.

Ce droit de préférence, paraît ne pas être un privilège.

Aucune formalité n'est prescrite pour le conserver.

Ce droit est sans doute de la même nature que la séparation des patrimoines.

Etait-il nécessaire de formuler expressément ce droit de préférence ? en effet, les créanciers personnels des sociétaires n'ont contre la société, personne morale, d'autres droits que ceux qui appartenaient à leurs débiteurs, et la créance de ces derniers contre l'actif social n'existe que, déduction faite des dettes.

Art. 43,

Les dispositions de ce texte sont nouvelles.

Art. 44.

Comporte la même observation. Le § 2 renvoie à l'art. 4 et non à l'art. 5. C'est là une erreur d'impression.

Les mesures prescrites par ce texte devraient être nécessaires même si la vente publique était ordonnée par justice. Pourquoi les acheteurs, dans ce dernier cas, n'auraient-ils pas intérêt, à connaître exactement la situation de la société, dont ils acquerraient des titres ? Les formalités ordonnées pour la vente en justice ne contiendraient pas nécessairement les énonciations qu'impose l'art. 44.

Art. 45.

Les deux premiers alinéas reproduisent l'ancien art. 46.

Le § 3 répète les dispositions de l'ancien art. 47 et les déclare applicables aux sociétés anonymes constituées sous l'empire de la loi du 24 juillet 1867.

Comment expliquer que les sociétés anonymes anciennes aient besoin pour se transformer en sociétés régies par la loi nouvelle d'une autorisation qui serait inutile pour leur fondation.

TITRE II.

Art. 46.

Rend en principe et sauf dérogation expresse toutes les régles de la société anonyme applicables à la Société en commandite.

Art. 47.

Dispense le gérant d'être propriétaire d'un certain nombre d'actions.

Il serait plus correct de dire : le ou les gérants.

Art. 48.

Les quatre premiers alinéas reproduisent l'ancien art. 5.

L'acceptation des membres du conseil de surveillance conporte constitution de la société.

Le § 6 reproduit l'ancien art. 6. Il pourrait être supprimé au même titre que le § 2 de l'art. 6.

Art. 49.

Les § 1 et 2 reproduisent l'ancien art. 9 ; le § 3 l'ancien § 5 de l'art. 15.

Art. 50.

Les deux premiers alinéas répètent les deux premiers § de l'ancien art. 10 le § 3 reprend le texte de l'ancien art. 11.

Art. 51.

Reproduit l'ancien art. 12.

Art. 52.

Comme sous l'art. 40 le renvoi à l'art. 5 nous paraît fait à tort ; c'est l'opération irrégulière seule, et non la société elle-même qui doit être frappée de nullité par suite d'une pareille contravention.

Art. 53.

Reproduit l'ancien art. 8.

Art. 54.

Pourquoi l'art. 38 (faculté de dissolution en cas de perte des trois quarts du capital) n'est-il pas applicable aux sociétés en commandite ?

TITRE III.
Art. 55 et 56.

Reproduisent les anciens art. 48 et 49.

Art. 57.

Reproduit l'ancien art. 50, mais en abaissant le minimum des coupures à **25** fr.

Art. 58.

C'est l'ancien art. 51.

Art. 59.

Reproduit les deux premiers alinéas de l'art. 52.

Art. 60.

Le premier alinéa est emprunté à la loi belge.

Le second paragraphe procède de l'art. 52 3ᵉ alinéa mais en réduisant, de 5 à 2 ans le délai pendant lequel l'ex-sociétaire peut être actionné à raison des engagements antérieurs à sa sortie de la Société.

Notre texte ajoute que ses dispositions ne signifient pas que les actions soumises à une prescription plus courte dureront deux ans si elles sont dirigées contre un ex-membre de société à capital variable.

Art. 61 et 62.

Reproduisent les anciens art. 53 et 54.

Il serait à désirer que les formalités fiscales fussent réduites, sinon complètement supprimées, en ce qui concerne les sociétés visées par le titre II dont le capital est peu considérable, par exemple celles chez qui il ne dépasse pas trente mille fr.

De pareilles simplifications sont une condition indispensable à la vie de semblables entreprises, où les très petits capitalistes qui les composent sont d'habitude fort peu instruits. Les démarches qu'imposent près de l'enregistrement de fréquentes mutations, le danger d'encourir d'énormes amendes qui sanctionne l'omission de toute formalité créent à ces modestes associations des embarras et des pertes de temps disproportionnées aux profits qu'elles peuvent donner. Enfin ce texte ne se prononce pas sur la révocabilité des gérants.

TITRE IV.

Art. 63.

Crée un bulletin annexe du *Journal officiel*.

Art. 64.

Astreint à publier dans ce bulletin le projet d'acte de société quand on recourt pour la formation du capital à la souscription publique.

Art. 65.

Reproduit l'ancien art 55 en adjoignant aux pièces qui doivent être déposées au greffe les procès-verbaux des délibérations relatives à la souscription du capital, au versement du quart et à la vérification des apports ou avantages.

Art. 66.

Reproduit l'ancien art. 56 en ajoutant l'insertion au bulletin officiel d'un extrait de l'acte de société dans le cas où le capital est divisé en actions.

Il spécifie en outre, que la peine de la nullité est attachée également à l'obligation de publier le projet d'acte de société, au cas de souscription publique.

Enfin, il établit une prescription de trois ans contre les actions en nullité qu'il organise.

Cette nullité qui semble attachée même à l'omission d'une des pièces dont l'annexion est imposée est bien rigoureuse.

Elle devrait être susceptible de ratification ou même être seulement facultative. Nous arrivons à la même solution à propos de l'art. 66 que celle que nous voudrions voir prévaloir sur l'art. 40.

Enfin, [la minorité aurait souhaité que la publication ne fut obligatoire dans le journal du chef-lieu du département qu'à défaut de journal dans l'arrondissement.

Art. 67.

Reproduit l'ancien art. 57, en y ajoutant la publicité de la clause relative au versement d'intérêts aux actionnaires, même en l'absence de bénéfices.

Il serait rationnel que cet extrait fut calqué sur l'art. 4 ; il y aurait intérêt majeur à révéler au public les avantages réservés aux fondateurs.

Art. 68, 69 et 70.

Reproduisent les anciens art. 58, 59 et 60.

Art. 71.

Reproduit l'ancien art. 61 en ajoutant aux délibérations à publier celles relatives à l'augmentation du capital social et celles qui modifient les statuts, même sur les points énumérés par l'art. 23, en vertu d'une clause des statuts ou du consentement unanime des actionnaires.

La publication de l'augmentation du capital social rentre dans la modification des statuts. Pourquoi alors la spécifier expressément ? Quant à la clause prévue au n° 5 de l'art. 23 § 2, qu'importent aux tiers les changements dans la répartition des bénéfices ?

Art. 72.

Reproduit l'ancien art. 62.

C'est ici que nous voudrions voir figurer une dispense des droits d'enregistrement en faveur des sociétés à capital variable dont le capital est inférieur à 30,000 fr.

Art. 73.

Reproduit l'ancien art. 63 sauf une différence de rédaction

qui ferait croire que le législateur a voulu ordonner la communication des pièces déposées dans un greffe, même quand elles sont étrangères à la publicité prescrite dans la matière qui nous occupe. Telle ne peut être la portée de notre texte : aussi serait-il bon d'insérer un membre de phrase ainsi conçu « en conformité de l'art. 63. »

Le droit d'obtenir copie des statuts est, comme sous la loi de 1867 restreint aux sociétés anonymes ou en commandite. Pourquoi le 1er paragraphe s'applique-t-il à d'autres sociétés?

Art. 74.

Reproduit l'art. 64 avec quelques modifications.

Dans la loi de 1867 sur les actes, factures, annonces, publications et autres documents, le montant du capital social doit être énoncé. Le projet admet, au contraire que cette énonciation, n'y figurera pas toujours, mais si elle y est insérée, la portion du capital restant à verser doit y être indiquée. Cette exigence est nouvelle et se justifie aisément.

Les titres d'actions provisoires ou définitifs devraient porter les mêmes énonciations que les bulletins de souscription régis par l'art. 4. Pourquoi omettre ici les avantages réservés aux fondateurs ?

Il conviendrait encore d'indiquer, le cas échéant, le capital-obligations et la portion à verser par les obligataires. Il importe que les intéressés soient prémunis contre la combinaison qui consiste à dissimuler la situation réelle de la société en avouant un capital-actions tout à fait secondaire eu égard au capital-obligations sur lequel on garde le silence.

Quelle est la sanction de ces différentes dispositions des art. 67, 68, 69, 70 et 74? Est-elle dans l'art. 43 ? Nous voudrions que ce fût celle de l'art. 4, dernier alinéa.

TITRE V.

Art 75.

Ce texte contient la suppression des valeurs à lot. Le législateur veut pousser jusqu'à ses dernières conséquences l'application du principe posé dans la loi du 21 mai 1836. Cette
solution est logique mais la minorité de la commission voudrait la voir repousser parce que, pense-t-elle, elle créerait aux
marchés français une situation inférieure, vis-à-vis des Bourses
étrangères. L'attrait qu'ont les valeurs à lot pour les petits
capitalistes est incontestable. Comment les empêcher d'aller
chercher à l'étranger et dans des entreprises étrangères les
combinaisons que la loi interdirait en France?

Enfin, le minimum de 3 0[0 d'intérêt, outre la prime de
remboursement, peut, si le loyer de l'argent est bas, rendre
l'émission de pareilles obligations impossible. Il serait sans
grand inconvénient de laisser la fixation du taux de cet intérêt à la volonté des parties.

Art. 76.

Empruntée à la loi belge du 18 mai 1873, cette formule d'a-
près laquelle la loi calcule le taux auquel seront remboursées
les obligations en cas de liquidation ou de faillite est malgré
sa complication apparente fort simple dans la pratique.

Le taux de 5 0[0 pour l'escompte soulève les critiques déjà
formulées.

Art. 77.

Pourquoi dispenser des formalités relatives à la publicité
ordonnées, par le présent texte si la vente publique a lieu en
vertu de décisions judiciaires ? Mêmes observations que sur
l'art. 44.

La minorité de la commission propose outre l'insertion au bulletin officiel une publicité locale : ce serait une extension aux émissions d'obligations des principes posés par l'article 66.

Art. 78.

Cette disposition ne paraît rien ajouter à ce qui est le droit commun, si les mots « se réunir » signifient s'associer.

Etait-il-nécessaire d'ajouter que les mandataires pouvaient ne pas représenter l'intégralité des obligataires réunis ? Comment admettre qu'ils auraient pour commettants d'autres que ceux qui leur auraient expressément donné mandat ?

Art. 79.

Etablit pour les obligataires le droit de se faire représenter en justice maintenu par l'art. 37 en faveur des actionnaires.

Ne faudrait-il pas substituer les mots « chaque emprunt » à ceux « chaque série d'obligations ? »

Pourquoi le vingtième du capital au lieu du vingtième du taux d'émission ? Il vaut mieux ne pas rendre trop facile la multiplication de pareilles associations. L'importance du capital nécessaire pour autoriser la formation d'un groupe capable de plaider par procureur doit être la même pour les obligataires que pour les actionnaires.

Quelle raison justifie la limitation du nombre des mandataires à trois, quand les mandans sont des obligataires tandis que ce nombre et illimité s'ils sont des actionnaires ?

Le texte paraît leur défendre d'intervenir comme débiteurs, et cependant dans certains procès leurs intérêts peuvent être sérieusement compromis alors qu'ils ne pourraient agir que comme débiteurs. Il est vrai que le droit des actionnaires dans l'art. 37 est encore plus restreint puisqu'il ne leur compète que contre les administrateurs ou les commissaires.

Le texte semble autoriser les mandataires même à interjeter appel ou à former un pourvoi en cassation ; il y aurait intérêt à le déclarer formellement.

Art. 80.

Ce texte en organisant les assemblées d'obligataires astreint ces derniers à choisir parmi eux leurs représentants. L'art. 24, en statuant sur la désignation des commissaires appelés à faire un rapport sur les comptes des administrateurs admet que le choix des actionnaires peut porter sur des mandataires étrangers à la société. La majorité d'entre nous n'a pas trouvé de motif de restreindre le choix des obligataires plus que celui des actionnaires.

On objecte, il est vrai, que les commissaires de l'art. 80 ont une mission permanente tandis que ceux de l'art. 24 ont un mandat dont l'objet est très limité, et qu'ils épuisent dans un délai fort court. L'absence de restrictions dans le choix des commissaires permet de confier les intérêts du grand nombre à des individualités capables même étrangères à l'entreprise ; les obligataires ne pourront s'en prendre qu'à eux-mêmes si leur choix s'égare sur des commissaires incapables ou disposés à trahir leurs devoirs. D'ailleurs, la nécessité d'être obligataire ne suffirait pas à éviter à l'assemblée un semblable danger : il serait bien difficile qu'un candidat aux fonctions de commissaire ne trouvât pas les ressources nécessaires pour acquérir la qualité d'obligataire.

Art. 81.

Attribue aux commissaires des obligataires le droit d'être tenus au courant de la marche des affaires sociales au même titre que les actionnaires, mais il nous paraît irrationnel que les mandataires d'un groupe constitué dans les termes de l'art. **79** aient les mêmes droits. Comment comprendre que les représentants d'un groupe d'actionnaires ne tiennent de l'art. **37** que des pouvoirs *ad litem* et non ceux, que l'art. **81** § 2 confère aux mandataires d'un groupe d'obligataires? Le groupe de l'art. **79** agissant parallèlement à l'assemblée générale des actionnaires crée une complication sans avantage.

Art. 82-83-84.

Ces trois articles sont inutiles. Des statuts qui seraient rédigés en conformité de ces articles seraient incontestablement licites.

Art. 85.

La minorité a trouvé draconienne la péremption qui sanctionne l'omission des noms des commissaires et de la date de l'acte constitutif d'hypothèque en marge de l'inscription. Une pareille rigueur est cependant d'accord avec le système qui régit toutes les formalités hypothécaires

Art. 86 et 87.

Sans observations.

TITRE VI.
Art. 88.

Le § **1er** reproduit l'alinéa correspondant de l'ancien article **66**.

Le § 3 soumet les sociétés d'assurances sur la vie à l'autorisation du gouvernement.

Art. 89.

Dispense de cette autorisation et de cette surveillance les autres sociétés d'assurances.

Cette disposition devrait être modifiée : les sociétés d'assurances contre la grêle et la mortalité du bétail prêtent à la fraude aussi souvent que celles sur la vie.

TITRE VII.

Art. 90.

Les droits que le présent texte reconnaît aux sociétés étrangères dont il s'occupe sont évidemment ceux dont bénéficient les étrangers autorisés à établir leur domicile en France, mais il serait nécessaire de le dire.

Il conviendrait de remplacer à la fin de l'art. les mots.... tous leurs droits.... par ceux « les dits droits. »

Art. 91.

Le § 4 renvoie pour la fixation des réserves à un tarif que contiendrait le règlement d'administration publique que prévoit l'art. 88.

Or, dans l'art. 88, il n'est pas spécifié que ce règlement doive contenir un pareil tarif.

Art. 92.

Le texte devrait préciser l'autorité, qui vérifiera si les conditions qu'il impose ont été remplies à l'étranger. Sera-ce une autorité administrative comme en matière d'admission de valeurs étrangères à la cote de la Bourse, ou laissera-t-on les parties intéressées débattre devant les tribunaux à propos de la validité de l'émission ou de la négociation de ces valeurs les questions de législation étrangère que soulèveront de pareils procès?

Il semble que là question de savoir si la société est définitivement constituée doit également être appréciée d'après la législation du pays étranger. Pourquoi ne pas le dire ?

Art. 93.

Défend l'émission ou la négociation en France de valeurs à lots étrangères : la minorité de la commission repousse cet article, au même titre que l'art. 76.

Art. 94.

La sanction formulée par le § 2 de cet article est la même que celle de l'art. 56 en ce qui concerne les sociétés françaises ; nous voudrions voir distinguer des nullités et des annulabilités dans les mêmes cas où nous l'avons fait sur l'art. 66.

Pourquoi ne pas renvoyer expressément à la prescription de trois ans établie par les art. 66 et 43 ? Il serait irrationnel que l'action en nullité tirée de l'inobservation des formalités de publicité se prescrivit par trois ans si la société était française, par un autre délai si elle était étrangère.

Art. 95.

Mêmes observations que sur les art. 44 et 77, au sujet de l'inapplicabilité aux ventes ordonnées par justice des textes prescrivant certaines formes de publicité.

Art. 96.

Frapper de nullité toutes les opérations faites illégalement en France par des sociétés étrangères constitue une rédaction trop large, mieux vaudrait substituer au mot « illégalement » ceux, en contravention aux dispositions des art. 90 à 95.

TITRE VIII.

Art. 97.

Ce texte modifie le n° 1 de l'art. 15 de la loi de 1867. Ce dernier art. visait des manœuvres pratiquées afin d'obtenir ou de tenter d'obtenir des souscriptions ou des versements. L'art 97 atteint la simple déclaration sur la souscription du capital social ou ses augmentations si elle a entraîné la constitution de la société.

Art. 98.

Les faits atteints par cet article paraissent caractériser des délits et non des contraventions. Il y aurait intérêt à le déclarer formellement. La participation relevée par le n° 3 est une expression nouvelle en pareille matière ; il y aurait lieu de l'écarter ; elle ferait double emploi avec le fait d'avoir commis le délit ou de s'en être rendu complice.

Art. 99.

Le § 1 reproduit l'art. 13, n° 1, de la loi de 1867 ; il ajoute les administrateurs ou directeurs de société anonyme aux gérants de société en commandite.

Les § 4 et 5 procèdent de l'ancien art. 13, toutefois, il n'est plus nécessaire pour entraîner l'application de la loi qu'au fait de vote illicite se joigne la circonstance qu'une majorité indue a été formée.

Le maximum de six mois de prison édicté pour ces deux derniers délits est insuffisant.

Les § 2 et 3 constituent de simples contraventions ; ils de-

vraient comporter une pénalité différente de celle statuée dans
le cas des n°ˢ 1, 4 et 5.

Art. 100.

Les n°ˢ 2, 3 et 4 sont empruntés à l'ancien art. 15, n°ˢ 1, 2
et 3. Le n° 4 de l'art. 100 ajoute aux faits réprimés le paie-
ment d'intérêts après la période de premier établissement.

Sur le n° 5, il y a lieu de substituer « frauduleusement »
aux mots « par des manœuvres frauduleuses ». Il y a intérêt à écarter ainsi la nécessité du fait extérieur exigé par la
jurisprudence pour l'application de l'art. 405 C. P. Quant à
la répression du fait d'attribuer aux apports existants une
valeur supérieure à leur valeur réelle, elle est dangereuse :
toute exagération de valeur, quelle qu'elle soit est atteinte par
notre texte : où s'arrêter ?

Il conviendrait que le juge put, comme en matière d'usure,
proportionner le montant de l'amende aux bénéfices illicites
réalisés par le délinquant.

Art. 101.

Le texte devrait rappeler ici les genres d'opérations inter-
dites.

La minorité voudrait que la même répression atteignit toute
infraction aux statuts, mais en laissant au juge le pouvoir
d'excuser, s'il échet, les administrateurs, directeurs ou
gérants.

Art. 102, 103, 104, 105.

Ne comportent pas d'observations.

Art. 106.

Les Tribunaux devraient avoir le pouvoir d'interdire les

fonctions d'administrateurs ou de membres d'un conseil de surveillance à ceux qu'ils peuvent frapper des incapacités énoncées dans l'art 106.

Art. 107.

Reproduit l'ancien art. 16.

TITRE IX.

Art. 108.

Le § 2 paraît concerner les sociétés civiles anonymes. Il importerait de l'énoncer.

Art. 109.

Attribue à la plupart des dispositions de la nouvelle loi qui constituent des innovations l'effet de lier les sociétés constituées antérieurement.

Art. 110.

Sans observations.

Art. 111.

Il est inutile de répéter ici l'abrogation de ces différents articles du C. de comm. et celle de la loi du 23 mai 1863. Elle est déjà prononcée par les art. 47 et 65 de la loi du 24 juillet 1867.

Enfin la commission vous propose pour l'ordre des articles un classement qui lui a paru plus logique, que celui du projet.

Aux neuf titres que comporte celui-ci elle en substitue cinq.

TITRE I.

Dispositions communes à toutes les sociétés, publicité, art. 65, 66, 67, 68, 69, 70, 71, 73.

TITRE II.

Dispositions relatives à certaines espèces de sociétés.

§ 1 aux sociétés anonymes (art. 1, 2, 14, 15, 17, 24, 25, 26 (§ 1, 2 et 4), 27, 28, 38, 39, 40, 45).

§ 2 Dispositions relatives aux sociétés en commandite (art. 47, 48, 49, 50, 51, 52 et 53).

§ 3 Dispositions particulières aux sociétés à capital variable (art. 55, 56, 57, 58, 59, 60, 61, 62, 72).

§ 4 Des tontines et des sociétés d'assurances (art. 88 et 89).

TITRE III.

Dispositions relatives aux sociétés par actions, anonymes ou en commandite.

§ 1 Dispositions relatives à la publicité (art. 63, 64, 44, 74).

§ 2 Conditions de la constitution des sociétés par actions (art. 4, 3, 9, 7, 8, 11, 12, 13, 16).

§ 3 Modification aux statuts (art. 23, 32, 40) (§ 3 et 4).

§ 4 Effets des nullités (art. 41, 42, 43).

§ 5 De l'administration (art. 36, 35, 37).

§ 6 Des actions (art. 5, 6, 33, 34).

§ 7 Des assemblées générales (art. 18, § 3, art. 19, art. 18, § 1 et 2, art. 21, 22, 20).

§ 8 Assemblées annuelles (art. 18, 26 (§ 3), 30, 29, 31.

§ 9 Obligations (art. 75 à 87).

§ 10 Dispositions applicables aux sociétés étrangères (art. 90, 92, 93, 94, 95, 96).

§ 11 Sociétés civiles par actions (art. 108).

TITRE IV.

Dispositions pénales (art. 97 à 107).

TITRE V.

Dispositions diverses (art. 109 à 112).

En ce qui concerne les dispositions de détail la commission propose à la Cour de formuler les avis suivants :

Art. 1er. Le § 1er (dispense de l'autorisation gouvernementale pour les sociétés anonymes) doit être supprimé.

Art. 4. Rédiger la dernière phrase : cette double responsabilité est limitée à trois années, etc.

Art. 5 Ajouter : Toute cession d'actions antérieurement à la constitution définitive de la société est nulle.

Art. 6. Le premier et le dernier alinéa devraient se suivre.

Art. 10. Ajouter au premier alinéa : Ces commissaires devront être pris parmi les actionnaires.

Art. 11. Ajouter au dernier alinéa : Et en ce qui concerne seulement les questions où ils sont intéressés.

Art. 16. Le § 2 devrait être supprimé.

Art. 21. Comprendre dans le § 1er les assemblées appelées à délibérer sur l'augmentation du capital social.

Art. 23. Ajouter au § 1er. La majorité nécessaire devra être celle qu'exige l'art. 18 § 2. Le dernier alinéa de l'art. 23 doit être supprimé.

Art. 24. Supprimer : les mots : associés ou non.

Art. 26. Porter à quarante jours le délai d'un mois pendant lequel les commissaires pourront prendre connaissance de l'inventaire du bilan et du compte des profits et des pertes.

Art. 27. Rédiger ainsi le dernier alinéa. Le rapport des administrateurs doit être déposé au siège social pour être soumis aux commissaires en même temps que l'inventaire, le bilan et le compte des profits et des pertes.

Art. 29. Ajouter au n° 2 même, par une assemblée générale constituée conformément à l'art. 23 pour modifier les statuts.

Art. 30. Ajouter au § 1er ... ou à moins de fraude constatée.

Art. 32. Transporter à la fin de ce texte les § 1 et 3 de l'art. 40. Compléter ce dernier art. en ajoutant que cette nullité serait toutefois opposable aux tiers qui ont traité avec la société avant que l'augmentation du capital social ait été publiée.

Art. 33. Supprimer le dernier alinéa.

Art. 34. A supprimer.

Art. 38. Supprimer le dernier alinéa.

Art. 40. Supprimer parmi les articles visés l'art. 5. Spécifier que la contravention aux art. 14 et 15 ne donne lieu qu'à une annulabilité. Ajouter aux textes dont l'infraction ne comporte que cette dernière sanction les art 17 et 66 § 3. Supprimer ici du moins le 2e alinéa et le transporter à la fin de l'art. 32.

Art. 42. Supprimer la fin de l'art.... et les créanciers sociaux etc.

Art. 44. Supprimer les mots .... non ordonnée par justice.

Art. 45. Supprimer dans le § 2 les mots « en obtenant l'autorisation du Gouvernement.

Art. 48. Supprimer le § 6.

Art. 52. Supprimer le renvoi à l'art. 5.

Art. 54. Supprimer parmi les textes visés l'art. 38.

Art. 62. Ajouter un article spécial : le gérant est toujours révocable.

Art. 66. Ajouter au § 3 : cette nullité est facultative.

Art. 67. Reproduire ici les énonciations de l'art. 4.

Art. 71. Supprimer sur le § 2 l'augmentation du capital social.

Art. 72. Ajouter au § 2 : sont dispensées de droits d'enregistrement les sociétés à capital variable dans lesquelles ce capital est inférieur à trente mille francs.

Art. 73. Spécifier sur le § 1 qu'il s'agit de pièces déposées en conformité de l'art. 65.

Art. 74. Ajouter *in fine* : les avantages réservés aux fondateurs, le montant du capital-obligations et la portion à verser par les obligataires.

La contravention aux dispositions des art. 67, 68, 69, 70 et 74 emporte contre ses auteurs l'application de l'art. 4 dernier alinéa.

Art. 75. Supprimer les mots : qu'à la condition que ces obligations rapportent 3 0|0 d'intérêt au moins.

Art 77. Dernier alinéa supprimer les mots.... non ordonnée par justice.

Art 78. Doit être supprimé.

Art. 79. Supprimer les mots : au nombre de trois au plus.

Art. 80. Supprimer dans le 2ᵉ alinéa la nécessité de prendre les commissaires parmi les porteurs d'obligations.

Art. 81. Supprimer le deuxième alinéa.

Art. 82. A supprimer.

Art. 83. A supprimer.

Art. 84. A supprimer.

Art. 88. Supprimer dans le premier alinéa les mots... sur la vie... après ceux.... et les sociétés d'assurances.

Art. 89. A supprimer.

Art. 90. Substituer « les dits droits » aux mots « tous leurs droits » dans le membre de phrase final.

Art. 94. Ajouter *in fine* : cette nullité est facultative ; elle se prescrit par le délai prévu dans l'art. 66.

Art. 95. Supprimer les mots... non ordonnées par justice.

Art. 96. Substituer aux mots « faites illégalement » ceux » en contravention aux dispositions des art. 90 à 93.

Art. 98. Supprimer le n° 3 « Toute participation à ces opérations.

Art. 99. Distraire les n°° 4 et 5 du dit art. et les ajouter à l'art. 100.

Art. 100. N° 1 substituer le mot frauduleusement aux mots « par des manœuvres frauduleuses.

Art. 106. Ajouter aux incapacités que les tribunaux ont le droit de prononcer celles d'être administrateur d'une société par actions ou d'y exercer les fonctions de membre du conseil de surveillance.

Art. 108. Rédiger le § 2 « les sociétés civiles anonymes, etc.

Art. 111. Supprimer dans l'énonciation des textes : les art. 31, 37, 40, 42, 43, 44, 45, 46. C. Comm. et la loi du 23 mars 1863.

Les membres de la commission.

de VAULX, Président de Chambre.

VAN CASSEL, Avocat Général.

DEQUIN
FOURNIER   Conseillers
LABOURET

Amiens. — Imp. typ. et lith. A. DOUILLET et C°, rue du Logis-du-Roi, 13.

www.ingramcontent.com/pod-product-compliance
Lightning Source LLC
Chambersburg PA
CBHW060504210326
41520CB00015B/4088